MINIMALISMO

Cómo Desabarrotar Simplificar Tu Vida Saber Más Sobre Y Ser Estrés

(Ordena Tu Vida, Crea Tu Felicidad Y Haz La Vida Significativa)

Agus Ortiz

Publicado Por Daniel Heath

© **Agus Ortiz**

Todos los derechos reservados

Minimalismo: Cómo Desabarrotar Simplificar Tu Vida Saber Más Sobre Y Ser Estrés (Ordena Tu Vida, Crea Tu Felicidad Y Haz La Vida Significativa)

ISBN 978-1-989808-56-6

Este documento está orientado a proporcionar información exacta y confiable con respecto al tema y asunto que trata. La publicación se vende con la idea de que el editor no esté obligado a prestar contabilidad, permitida oficialmente, u otros servicios cualificados. Si se necesita asesoramiento, legal o profesional, debería solicitar a una persona con experiencia en la profesión.

Desde una Declaración de Principios aceptada y aprobada tanto por un comité de la American Bar Association (el Colegio de Abogados de Estados Unidos) como por un comité de editores y asociaciones.

No se permite la reproducción, duplicado o transmisión de cualquier parte de este documento en cualquier medio electrónico o formato impreso. Se prohíbe de forma estricta la grabación de esta publicación así como tampoco se permite cualquier almacenamiento de este documento sin permiso escrito del editor. Todos los derechos reservados.

Se establece que la información que contiene este documento es veraz y coherente, ya que cualquier responsabilidad, en términos de falta de atención o de otro tipo, por el uso o abuso de cualquier política, proceso o dirección contenida en este documento será responsabilidad exclusiva y absoluta del lector receptor. Bajo ninguna circunstancia se hará responsable o culpable de forma legal al editor por cualquier reparación, daños o pérdida monetaria debido a la información aquí contenida, ya sea de forma directa o indirectamente.

Los respectivos autores son propietarios de todos los derechos de autor que no están en posesión del editor.

La información aquí contenida se ofrece únicamente con fines informativos y, como tal, es universal. La presentación de la información se realiza sin contrato ni ningún tipo de garantía.

Las marcas registradas utilizadas son sin ningún tipo de consentimiento y la publicación de la marca registrada es sin el permiso o respaldo del propietario de esta. Todas las marcas registradas y demás marcas incluidas en este libro son solo para fines de aclaración y son propiedad de los mismos propietarios, no están afiliadas a este documento.

TABLA DE CONTENIDO

Parte 1 1

Introducción 2

MINIMALISMO: LASBASES 4
COMPRENDER EL MINIMALISMO Y CÓMO PUEDE AYUDARTE 8
PRIMER SEMANA: REINICIO TOTAL-CÓMODESPEJARTU MEDIOAMBIENTE
.... 14
10 PRINCIPIOS DE ORGANIZACIÓNQUE TE AYUDAN A VIVIRMEJOR ... 16
SEGUNDA SEMANA: CÓMO LIDIAR CON EL DESORDENEMOCIONAL Y
VIVIR UNA VIDA MÁS FELIZ 26
LIDIANDO CON EL DESORDEN EMOCIONAL............................ 28
TERCERA SEMANA: SIETE PASOS SIMPLES Y FÁCILES PARA INICIARSE EN
EL MINIMALISMO.. 32
CUARTA SEMANA: ELUDIR ESCOLLOS—CINCO OBJECIONES FRECUENTES
AL MINIMALISMO Y MODOS DE EVITARLAS 38

Conclusión 43

Parte 2 44

Introdução 45

Por Que Abraçar O Minimalismo.......................... 46

Implementando O Minimalismo Na Sala De Estar 48

DETERMINAR SEU OBJETIVO.. 48
RETIRE TUDO QUE NÃO É NECESSÁRIO 49
MANTENHA SEM A BAGUNÇA 49
INFORME A TODOS 50
SEPARE AS COISAS QUE VOCÊ REMOVEU.......................... 50
REORGANIZE A MOBÍLIA... 51
COMBINAR COM O ESQUEMA DE CORES MINIMALISTA.................. 52
MANTENHA A DECORAÇÃO SIMPLES................................ 52
USE ESPELHOS 53

Implementando O Minimalismo Logo Na Entrada............ 55

Implementando O Minimalismo No Banheiro ... 56

DESBAGUNÇANDO O BANHEIRO ... 56
LIMPEZA PROFUNDA ... 58
REFORMAS ... 58
PINTURA ... 59
ACCESSORIOS ... 60
MANTER AS SUPERFÍCIES LIVRES ... 61
MANTENHA SEU BANHEIRO LIMPO ... 61
COLOQUE DE VOLTA OS OBJETOS NOS LUGARES CERTOS ... 62

Implementando O Minimalismo Nos Quartos ... 63

PREPARE TUDO ... 63
ENCONTRE UM PONTO DE PARTIDA ... 63
MERGULHE NAS GAVETAS ... 64
REORGANIZE OS ITENS RESTANTES ... 64
ENFRENTE SEU ARMÁRIO ... 65
COMPRAR QUALIDADE ... 67
DEFINA LIMITES ... 67
CONSTRUA SEU PERSONAGEM ... 68

Implementando O Minimalismo Na Garagem E No Sótão . 68

DECIDA COMO VAI SE LIVRAR DO QUE NÃO PRECISA ... 69
SEPARE POR CATEGORIA ... 69
DIVIDA O ESPAÇO EM ÁREAS ... 70
DECIDA PARA O QUE MAIS VOCÊ VAI USAR ESSE ESPAÇO ... 70

Implementando O Minimalismo Na Cozinha ... 71

ORGANIZAR SUA COZINHA ... 71
ORGANISE OS OBJETOS ... 74
EMBAIXO DA PIA ... 76

Conclusão ... 77

Parte 1

Introducción

Quiero agradecerte y felicitarte por descargar el libro.

Este libro tiene pasos prácticos y estrategias sobre cómo sentirse libre y vivir una vida ilimitada al adoptar un estilo de vida minimalista.

En los últimos cinco años aproximadamente, se ha hablado mucho sobre el Minimalismo. Sin embargo, incluso con toda esta charla sobre el tema, muchas personas aún no comprenden qué es exactamente. Algunas personas tienen la percepción de que el Minimalismo es no tener posesiones y vivir en un apartamento pequeño con probablemente un sofá, una cama y una cocina, y muy poca ropa, zapatos o utensilios. Es una percepción que ha hecho que muchas personas eviten adoptar un estilo de vida minimalista, porque no pueden simplemente imaginar vivir una vida así. La verdad es que el minimalismo no se trata solo de poseer muy pocas cosas. Se trata más de encontrar valor intrínseco en lo que tienes.

Este libro te ayudará a comprender qué es el Minimalismo, qué implica y cómo hacerlo posible. Debo enfatizar que llevar un estilo de vida minimalista es un proceso, y no un evento de un día para otro, en el que simplemente te deshaces de las cosas que no necesitas, porque cuando tienes este tipo de mentalidad, el desorden se irá arrastrando a diario. Debes considerar vivir un estilo de vida minimalista como un proceso que implica una decisión consciente de comprar solo lo que necesitas y de deshacerte constantemente de las cosas que no necesitas.

Gracias de nuevo por descargar este libro. ¡Espero que lo disfrutes!

Minimalismo: Las bases

Un día solo tiene 24 horas.

¿Qué significa esto?

Significa que, en el lapso de 24 horas, si hay tareas o cosas que no has logrado o realizado por cualquier razón, tendrás que pasarlas a las 24 horas del día siguiente.

24 horas no es mucho, especialmente teniendo en cuenta que una cantidad sustancial de ellas estás en reposo.

Además, la mayoría de nuestras vidas están llenas de desórdenes emocionales y físicos que consumen nuestro tiempo activo y la productividad general durante las horas en que no descansamos.

Desafortunadamente, ser dueño de un reloj caro o tener una tonelada de posesiones que "alivian la vida" ha demostrado ser ineficaz, y no agrega más tiempo a un día. Por lo tanto, de la declaración anterior, es claro deducir que nuestras vidas o la calidad de nuestras vidas, así como la forma en que las vivimos, rara vez dependen de las posesiones.

De hecho, nuestras vidas se reducen a dos cosas: nuestra calidad y valor de la vida.

En este caso, valor no significa los artículos materiales que compramos con el pretexto de agregar valor a nuestras vidas. Tampoco significa valor monetario (hay muchos millonarios miserables).

Lo que significa es un valor intrínseco. Significa liberar tu vida del estrés que se acumula en tu vida diaria y disolver el estrés emocional que parece ser parte de lo que somos como seres humanos.

Con esta perspectiva, aquí hay una pregunta para ti.

¿Cuántas cosas en tu vida tienen un valor intrínseco real?

¿Cuánto de lo que tienes o posees puedes decir honestamente que agrega un montón de valor a tu vida?

Veamos un ejemplo. Tengo un amigo que tiene más de cincuenta pares de jeans. Si bien tener mucha ropa no es algo malo, la pregunta es: ¿todos estos pares de jeans agregan algún valor a su vida, especialmente considerando que solo usa cada par una vez al año? Por otro lado, ¿cuánto valor crees que tiene un solo par de jeans para alguien que solo tiene uno o dos pares?

Si tienes cincuenta o más pares de jeans y no le agregan valor a tu vida, quizás sea el momento de examinar tu vida para determinar qué tiene un valor intrínseco. Esto no significa que tengas que castigarte por comprar demasiados pares de jeans; De nada sirve intentar cambiar lo que ya ha sucedido.

Sin embargo, en el futuro, puede examinar tu vida para determinar cómo obtener el mejor valor de cualquier compra, incluidos esos miles de pares de jeans.

Por otro lado, la calidad de vida depende de lo que dejamos en nuestras vidas. En el ejemplo anterior, ¿los cincuenta pares de jeans agregan algún valor a la vida de esa persona además de decorar su vestuario?

La conjetura correcta sería: No.

Una de las cosas más claras para ver es que complicamos innecesariamente una vida sencilla. Piénsalo de esta manera. Mucho antes de que la tecnología echara raíces en nuestra sociedad, mucho antes de que el hombre pusiera énfasis en las cosas materiales, solíamos vivir una vida mucho más plena y larga. La pregunta entonces se convierte en; ¿dónde nos hemos equivocado, y es posible volver a una vida más plena?

La respuesta a las preguntas anteriores es:Sí.

Al practicar un estilo de vida minimalista, puedes simplificar una vida complicada, y solo conservar las cosas que agregan valor a tu calidad de vida. ¿Qué es un estilo de vida minimalista?

Comencemos por examinar esto.

Comprender el Minimalismo y cómo puede ayudarte

Si sientes curiosidad y te estás preguntando qué es exactamente todo este asunto del minimalismo, esta es una sorpresa para ti. Nuestra introducción describe engañosamente el minimalismo.

Sin embargo, para mayor claridad, el minimalismo es un concepto de estilo de vida que aboga por minimizar las distracciones en tu vida y concentrarse en lo que agrega valor verdadero a tu vida. Para algunas personas, esto significa eliminar los camiones de ropa y el desorden en la casa. Para otros, significará concentrarse en el estilo de vida minimalista para eliminar el estrés y otras distracciones mentales, y concentrarse en las cosas importantes que realmente importan en su vida.

Como puedes ver, el minimalismo significa diferentes cosas para diferentes personas. Esencialmente, el minimalismo consiste principalmente en concentrarse en cosas, personas y actividades que agregan valor a su vida y eliminar aquellas que no lo hacen. En la superficie, esto suena muy simple.

Sin embargo, debido a la naturaleza agitada de nuestra vida diaria, es relativamente fácil "ponerse al día" en nuestra rutina diaria y lo que queremos en la vida frente a lo que pensamos que queremos, o lo que deberíamos querer.

Esto significa que hay una desconexión entre lo que agrega valor a nuestras vidas y a nosotros, y se está expandiendo constantemente en nuestra naturaleza y no de una buena manera.

También significa que, a veces, perdemos contacto con nuestros valores hasta un punto en el que ya no somos conscientes de lo que tiene valor para nosotros. Además, debido a esta desconexión y nuestra incapacidad para valorar nuestras vidas en lo que le agrega valor, terminamos haciendo lo único que sabemos: llenar este vacío con cosas, personas y actividades más irrelevantes.

En este estado de agitación, las 24 horas que mencionamos anteriormente parecen cada vez menos a medida que intentamos llenar nuestras vidas con un programa repleto, comprando más de lo que necesitamos y concentrándonos en lo que nos resta valor a nuestras vidas en lugar de lo que nos agrega valor.

El minimalismo consiste en tomar decisiones y decisiones conscientes para volver a tus valores verdaderos, y encontrar lo que realmente agrega valor a tu vida en lugar de dejar que todo se acumule (física y mentalmente) en un lío estruendoso que es tan intrincado como un laberinto, y por lo tanto se vuelve difícil escapar de él. También significa tomar el control de nuestras vidas y no permitir que ninguna fuerza externa (familia, elemento u otro) lo controle por nosotros.

Como dijimos anteriormente, para algunas personas, el minimalismo significará deshacerse de algunas de sus posesiones. Es importante afirmar que el minimalismo es mucho más que esto. Sin embargo, las posesiones son un buen lugar para comenzar cuando se construye un estilo de vida minimalista.

¿Por qué esto es tan así?

Debido a que las posesiones, sin importar cuán pequeñas, grandes, relevantes o irrelevantes sean, representan una parte de lo que somos (nuestros hábitos, valores, aspiraciones), así como nuestra historia.

Es por esta razón que la mayoría de nosotros mantenemos artículos sentimentales como nuestra camiseta de fútbol de escuela secundaria o pompones.

En este punto, debe mencionarse el simple hecho de que, si bien las camisetas y los pompones son posesiones, también son una representación de parte de quién eres, así como forman parte integral de tu vida.

Desafortunadamente (dependiendo de cómo lo mires), la mayor parte de lo que guardamos para propósitos sentimentales termina formando parte de nuestro desorden físico y emocional. Por lo tanto, cuando se implementa un enfoque minimalista de la vida, la mayoría de las personas experimentan una sensación de euforia, porque el proceso tiene algunos efectos terapéuticos, ya que obliga a uno a evaluar su vida y a lidiar con cualquier emoción negativa subyacente.

Como habrás adivinado, hay una buena razón por la que las posesiones son un buen lugar para comenzar cuando se implementa un estilo de vida minimalista.

¿Puedes adivinar cuál es esa razón?

La razón de esto es que nuestro espacio vital, y lo que tenemos en él, es una representación directa e indirecta de nuestro estado mental. El estudio en el campo de la psicología muestra que el desorden físico en nuestros hogares, oficinas y vidas nos estresa y sobrecarga nuestros sentidos. Por lo tanto, para crear una vida sin estrés, tranquila y contenta, el mejor lugar para comenzar es con un entorno libre de desorden. En la mayoría de los casos, una vez que lidiamos con el desorden, se vuelve mucho más fácil abordar otras áreas de nuestras vidas.

Debido a que el desorden es una parte importante de un estilo de vida minimalista, debe ser lo primero que hagas al embarcarte en reiniciar tu vida en 30 días. Esto será nuestro punto de partida.

Primer Semana: Reinicio Total- Cómodespejartu medioambiente

El apego emocional es la razón principal por la que mantenemos tantas cosas. Es la razón por la que tu garaje, armario, cajones y espacio habitable están llenos de posesiones que agregan poco o ningún valor a tu vida cotidiana. La búsqueda de un estilo de vida minimalista exige un entorno libre de desorden. Aquí es donde empezaremos.

Hay muchas maneras de ordenar tu casa, oficina, vida, etc. En la mayoría de los casos, el camino hacia la limpieza es muy personal.

¿Por qué esto es así?

Bueno, esto es simplemente porque el desorden es una implicación personal. Esto significa que mientras tu comienzas a limpiar por el dormitorio, otra persona puede comenzar en la cocina o en la sala de estar. Por esta razón, es difícil darte un plan de desorden que puedas seguir para reiniciar tu vida. Sin embargo, podemos ver algunos principios que te ayudarán a despejar tu entorno en los primeros siete días de los 30 días para minimizar y reiniciar tu nueva vida.

10 Principios de organizaciónque te ayudan a vivirmejor

A estas alturas, es fácil ver y notar que el desorden tiene un gran impacto negativo en tu vida.

Aquí hay una pregunta para ti:

¿Cuántas veces has pasado 10, 20 o incluso 30 minutos buscando un artículo en la casa?

¿Cuánto de este tiempo pasasterevolviendo cosas, moviéndolas y reubicándolas solo para llegar al elemento que estabas buscando?

En un momento u otro, cada uno de nosotros ha tenido que pasar un tiempo hurgando en la pila de la ropa sucia, para llegar a ese par de jeans que usaba lanoche anterior para encontrar sus llaves. Aquí hay otra pregunta para ti. ¿Cómo te sentiste cuando buscabas entre una tonelada de ropa solo para llegar a la única cosa que querías, o cómo te sentías al tener que reorganizar todo tu armario para obtener algo de la parte de atrás? Si fuiste gloriosamente feliz haciéndolo, entonces descarta este libro: no tiene ningún sentido leerlo.

Por otro lado, si sentiste frustración, desesperación o enojo mientras revolvías otras cosas para llegar a la única cosa que deseabas, podrías estar buscando un cambio. La mejor manera es limpiar tu casa. Aquí hay diez principios de organización para ayudarte a comenzar.

1er principio: Detener la afluencia de cosas.

Al ordenar, este paso es fundamentalmente importante. De hecho, es tan importante que embarcarse en una empresa de limpieza de residuos sin ocuparse de este punto (incluso asegurarse de no reemplazar las cosas viejas con cosas nuevas) es una pérdida total de tu tiempo y energía. Por lo tanto, para comenzar el proceso de desinfección y el proceso de reinicio de 30 días, lo primero que debes hacer es controlar el flujo de cosas que entran a tu espacio vital o de trabajo. Detener la entrada de cosas a tu hogar es una aventura mental y física. En la parte mental, debes tomar una decisión consciente para dejar de comprar cosas que no agregan valor a tu vida. Hay libertad en la falta de ganas de adquirir.

Segundo principio: un artículo al día es el camino a seguir.

Contrariamente a la creencia popular, el desorden no es un evento. Es un proceso. Esto significa que el proceso no tiene por qué ser un frenesí loco que detenga su vida. La forma más fácil y más sostenible de lograr un hogar y un ambiente minimalistas es ordenando un artículo por día. Además, si tienes el tiempo y la moral para hacerlo, puedes hacer una habitación por día. El ítem por día es el proceso gradual más fácil que no solo cambia la forma en que piensas sobre el desorden, sino también la forma en que manejastu hogar desordenado. Seguir este paso garantiza que el minimalismo y la organización se conviertan en una forma de vida, en lugar de un programa de choque ocasional.

3er principio: Comience con lo fácil primero.

Ordenar nunca debe ser "ese tipo de cosa a la que te fuerzas". Por lo tanto, no hay necesidad de comenzar con las cosas más difíciles primero. La razón de esto es bastante simple. Comenzar con lo difícil arruina las posibilidades de que completes el proceso. Por lo tanto, lo más sensato que se puede hacer es crear una mentalidad y un estilo de vida minimalistas, comenzando con lo fácil y avanzando hacia lo más difícil a medida que tu resolución de vivir el minimalismo se afianza. Además, comenzar de una manera fácil hace que, luego, las decisiones y tareas más difíciles sean más fáciles de realizar y manejar.

4to principio: Tener un plan de eliminación.

Antes de implementar el tercer principio, debes tener listo un plan de eliminación. ¿Qué es un plan de eliminación? Un plan de eliminación es saber lo que pretendes hacer con todo el desorden. Esto podría ser cualquier cosa. Puedes optar por regalar los artículos, venderlos, reciclarlos o donarlos. Esta parte es muy importante, ya que muestra tu preparación para la tarea. Además, debido a que estás bien preparado, deberás continuar con el proceso. Las opciones de qué hacer con estos elementos son infinitas. Las tiendas en línea como eBay y Freecycle son una buena opción.

5to principio: Valor sobre la culpa u obligación.

Una cosa sobre el desorden es que emana de un punto emocional. Como hemos visto, el minimalismo gira en torno al valor. Por lo tanto, debe rodearse de elementos que agreguen valor a tu vida. Esto significa que no debe dejar que la culpa o la obligación hacia los artículos o las personas que te los dieron empañen tu juicio en términos de lo que debe conservar. Es importante recordar que cualquier cosa que tengas, sin importar quién te la haya dado, es tuya. Por lo tanto, tienes poder de veto sobre lo que debes hacer con ella.

6to principio: El miedo a dejar ir es tu talón de Aquiles.

La necesidad de aferrarse a los elementos porque quizás los necesites algún día constituye una gran parte de la mentalidad desordenada. Afortunadamente, esta mentalidad es una que puedes vencer al ser realista acerca de tus necesidades. Si bien la mayoría de los artículos en el hogar pueden ser útiles, no necesariamente agregan valor a nuestras vidas y no son necesarios para nuestra felicidad o bienestar. Tu camino hacia el minimalismo exige que entiendas la diferencia.

7mo principio: El materialismo está muerto.

No debería sorprender saber que la mayoría de los regalos que recibimos y entregamos terminan convertidos en desorden. Los regalos materiales no son la mejor manera de honrar a los que tú amas. Mientras trabajas por el minimalismo, alienta a tus seres queridos a que te den regalos emocionales en lugar de cosas materiales. Por ejemplo, en lugar de darle a tu hijo, esposo o esposa un regalo de un objeto por su cumpleaños, puedes optar por darles el regalo de una experiencia o aventura, el regalo del tiempo con ellos o incluso los regalos no materiales, que tú sabes, que significan mucho para ellos.

8º principio: El exceso de equipamiento de su hogar es un no, rotundo.

Tu hogar o espacio vital no es un hotel. Por lo tanto, no se requieren suficientes suministros de ropa de cama, cubiertos, vajilla o despensa para abastecer a un hotel de cinco estrellas que funcione completamente. No sobrecarguestu hogar con estos artículos; terminarán como desorden. Sé realista sobre tus necesidades. Por ejemplo, a menos que estés organizando un grupo inusualmente grande, no necesitas más queun juego de cucharas y tenedores. En cualquier caso, siempre puedes pedir prestados artículos a vecinos, amigos y familiares si es necesario.

9º Principio: Solo descarta lo que es tuyo.

Antes de tirar o regalar la camiseta de béisbol de tu esposo, pide permiso. No decidas sobre lo que no te pertenece sin el permiso explícito del propietario. Crea un sentido de elección alrededor de la casa, es decir, todos deberían tener una opción sobre qué conservar. Esto incluye a tus hijos. También deben tener la opción de mantener cosas. Es importante tener en cuenta que, al arrancar cosas de las personas de tu hogar, sin saberlo, puedes alentar la tendencia al acaparamiento.

10mo principio: Dedicar menos tiempo a la búsqueda de cosas materiales.

Aquí hay un hecho poco conocido: cada artículo que posees consume un poco de tu tiempo. ¿Qué significa esto? Significa que todo lo que posees te exige algo de ti de una u otra manera. Es hora de limpiarlo, administrarlo, mantenerlo, comprarlo y, lo que es más importante, ganar tiempo para poseerlo. Para perseguir el minimalismo, debes dejar de perder tu valioso tiempo en la búsqueda de la posesión de estos artículos. Recuerda que el minimalismo consiste en concentrarse en lo que agrega valor a tu vida.

Los diez principios anteriores te ayudarán a comenzar y a resolver durante muchos años. Es importante señalar que la eliminación de desechos es solo el primer paso hacia un estilo de vida minimalista. Sin embargo, forma parte integrante de ella. Independientemente de dónde empieces en términos de habitaciones para ordenar, recuerda comenzar con las cosas fáciles y dejar para después las cosas más difíciles y las tareas mentales.

Segunda Semana: Cómo lidiar con el desordenemocional y vivir una vida más feliz

Las emociones juegan un papel muy importante en la forma en que vivimos nuestras vidas. De hecho, la forma en que vivimos nuestras vidas depende en gran medida de nuestro estado emocional. Como hemos visto, el minimalismo consiste en concentrarse en áreas de tu vida que agregan valor a tu vida y significan mucho para usted.

¿Qué significa esto para ti?

Veamos un ejemplo. Si pasas la mayor parte de tu tiempo preocupándote, estresado mentalmente por cosas sobre las que tienes poco o ningún control, ¿crees que te estás haciendo algún favor?

La suposición correcta sería: no.

Anteriormente, señalamos que el minimalismo es mucho más que limpiar tu casa.

Esto es lo que queremos decir: el minimalismo y la creación de un estado mental y un estilo de vida mínimos comienzan en la mente antes de pasar a lo físico. Por lo tanto, con esta comprensión, es fácil ver que es necesario despejar tu mente del equipaje emocional y comenzar de nuevo.

El desafío minimalista de 30 días satisface precisamente eso. Te ayuda a despejar tu mente y tu hogar y obtener el nuevo comienzo que te mereces con razón.

Hemos examinado algunos principios que puedes utilizar para ordenar tu hogar. Es justo que veamos cómo despejar tu mente del equipaje emocional que te detiene.

Lidiando con el desorden emocional

En este punto, tienes que entender que el desorden emocional emana del miedo. Es el miedo de confrontar nuestros arrepentimientos del pasado. Por ejemplo, la razón por la que te aferras a esas flores secas puede ser el deseo de revivir un pasado que ya no existe.

El desorden emocional es reconfortante en la naturaleza y actúa como un amortiguador entre nuestras ilusiones y la realidad. Sin embargo, dejar de lado el desorden emocional es, en sí mismo, muy empoderador y satisfactorio.

Veamos algo más de igual importancia. En la naturaleza, el desorden emocional es posponer las decisiones. Piénsalo de esta manera. El desorden emocional es madera muerta en un río. Por lo tanto, más troncos, ramitas, arbustos y hojas en el río significan menos flujo de agua y más estancamiento.

Al eliminar la madera muerta, creas un camino para que fluya el agua.

El mismo principio se aplica al desorden emocional. Al lidiar con eso, estás lidiando con el miedo y deshaciéndote de él, y así te das una nueva oportunidad de vida. Además, cuando tratas con la madera muerta, dejas de pensar en el pasado y comienzas a vivir en el presente y a prepararte para el futuro que aún está por llegar. Además, debido a que el desorden emocional te quita energía, lidiar con eso te hará sentirte vigorizado y lleno de energía.

Como dijimos anteriormente, en el minimalismo, las posesiones significan muy poco. Por ejemplo, si bien puedes mantener esas flores secas por razones emocionales y sentimentales, hay una razón por la que no puedes experimentar los mismos sentimientos y emociones si tomas una fotografía de las flores, la encuadras y descartas las flores.

Además, como las emociones desempeñan un papel muy importante en la forma en que vivimos nuestras vidas, es muy importante que solo guardes elementos que evocan recuerdos positivos en lugar de dolorosos negativos. Además, es posible que desees mantener un diario para ayudarte en la limpieza. Un diario hace que el proceso sea lento, pero es completamente efectivo al mismo tiempo.

A medida que purgastus emociones y el desorden físico que acompaña esto, hay casos en los que purgarás un elemento, y luego desearás haberlo guardado. Aquí, es muy importante entender que las personas emocionalmente sanas no se arrepienten; se dejan llevar y confían en que el universo les proporcionará una emoción o elemento igualmente importante.

Combinar la separación emocional y física es la oportunidad perfecta para perfeccionar su entorno vital y emocional, reiniciar su vida y vivir una vida más saludable y feliz. En ambos casos, es muy importante comenzar despacio y abordar un área de tu vida y espacio vital a la vez. Además, despejar tu desorden emocional mejorará tu energía y tu estado de ánimo y, por lo tanto, te ayudará a crear más espacio para la positividad.

Tercera Semana: Siete pasos simples y fáciles para iniciarse en el Minimalismo

Hasta ahora, hemos tratado la parte del minimalismo dedicada al desorden. Hemos visto cómo ordenar tu casa y las emociones. Incluso con todo lo que hemos analizado, puedes experimentar algunos problemas de implementación de un estilo de vida simple. Para ayudarte, aquí están siete pasos garantizados para hacer relativamente fácil el proceso y ayudar a liderar el progreso en tu viaje al minimalismo.

Paso Uno: Escribirlo.

Todos perseguimos el minimalismo por diferentes razones. Tú puedes perseguirlo por razones de salud, mientras que otra persona lo puede hacer por una razón diferente, como una vida menos complicada. Cualquiera que sea la razón, es muy importante que indiques por qué deseas simplificar tu vida. Escribir tu propio por qué te proporcionará la motivación que necesitas para seguir adelante, así como un seguimiento de tu progreso.

Paso Dos: Elimina los duplicados.

La mayoría de las veces, nuestras vidas y hogares están llenos de duplicados. ¿Qué significa esto? La mejor manera de explicar esto es mirar un ejemplo. Si caminas a la derecha de tu casa o espacio habitable, ¿cuántos elementos duplicados hay? Muchos, sería la conjetura correcta. Para eliminar duplicados en tu espacio vital, camina por tu casa con una caja vacía y recoge cualquier duplicado. Si descubres que tienes dos copias del mismo DVD, libro, individuales, etc., retíralas. Después de todo, solo necesitas uno. Una vez que la caja esté llena, colócala fuera de la vista por no menos de 30 días. Si, en ese tiempo, no usaste nada de la caja o no recuerdas los elementos que hay en ella, esas cosas no agregan ningún valor a tu vida. Deberías donarlas o venderlas.

Paso tres: Crea una zona libre de desorden.

Una zona libre de desorden podría ser cualquier espacio dentro de tu hogar. Podría ser la mesa de la cocina, el escritorio de la oficina de tu hogar, el armario de tu habitación, etc. Crear esta zona y trabajar para garantizar que el espacio permanezca libre de desorden, servirá como motivación para el aspecto de toda tu casa cuando esté libre de desorden. Si descubres que te gusta el espacio, su ambiente y su entorno, trabaja en la expansión del espacio. Conviértelo en una habitación libre de desorden, y constrúyelo desde allí. El truco para esto es hacer que el progreso sea gradual. Una mesa de trabajo libre de desorden puede convertirse fácilmente en una oficina libre de desorden y, eventualmente, en el hogar minimalista de sus sueños.

Paso cuatro: Viaja liviano.

Los mochileros tienen la idea correcta. El viaje liviano es la encarnación de la vida simple y mínima. Si empacas toneladas de equipaje para un viaje simple, detente. La próxima vez que viajes, empaca liviano. De hecho, empaca para la mitad del tiempo. Por ejemplo, si viajas por 10 días, empaca por 5 días.

Quinto paso: vestir menos.

Si no ha probado el proyecto 333, un proyecto que aboga por vestirse con 33 artículos durante tres meses, se lo está perdiendo. Si bien puede ser adicto a sentir el peso de las joyas alrededor del cuello y la muñeca, y vivir sin ellas puede parecer extremo, la libertad merece la pena.

Paso Seis: Coma comidas similares.

Pasamos mucho tiempo pensando en lo que vamos a comer para el desayuno, el almuerzo o la cena. Esto significa que dedicamos gran parte de nuestro tiempo a pensar en lo que necesitamos recoger en el supermercado y las recetas que vamos a preparar. Para simplificar tu vida, ¿por qué no desayunar y almorzar durante una semana y elegir entre 2 y 3 cenas a lo largo de la semana? Si recibes quejas de su familia, infórmeles que simplemente está llevando a cabo un experimento que debería terminar al final de la semana.

Paso Siete: Crea un fondo de emergencia de $ 1,000.

Un fondo de emergencia te da una sensación de seguridad y simplifica todo. Si estás endeudado y lo estás pagando, paga la cantidad mínima hasta que puedas ahorrar $ 1,000. La mejor manera de lograr esto es apartar algo de dinero de tus gastos diarios o semanales. Puedes crear un desafío de dinero para ayudarte a ahorrar. Tener un fondo de emergencia reduce el estrés que sigue a una emergencia.

La belleza del minimalismo es que, con mucha curiosidad y motivación, puedes experimentar con diferentes métodos y ser tan atrevido como puedas.

Cuarta Semana: Eludir escollos–Cinco objeciones frecuentes al Minimalismo y modos de evitarlas

Nuestra sociedad, o la sociedad en la que vivimos hoy, es consumista por naturaleza. Por lo tanto, muchas personas ven el minimalismo como contracultural porque va en contra de los supuestos y desafíos que consideramos como la verdadera naturaleza de nuestras vidas.

Sin embargo, el minimalismo, como hemos visto, es un esfuerzo muy gratificante. Sin embargo, debido a que es nuevo en la naturaleza, la mayoría de las personas lo temen, ya que temen cualquier cosa nueva. Sin embargo, hay quienes no comprenden la belleza de llenar su vida solo con aquellos elementos que agregan valor a tu vida. Por esta razón, muchas personas encuentran objeciones al minimalismo incluso cuando se sienten atraídos por la idea de la limpieza. Las siguientes objeciones son muy comunes. Al conocerlas, podrás superarlas y continuar tu viaje minimalista.

"No tengo tiempo para empezar".

Anteriormente, abordamos qué es el minimalismo y qué no lo es. Vimos que no tiene que ser un evento, y dijimos que es un viaje. Sorprendentemente, el proceso de reducir tus posesiones no toma mucho tiempo. Siendo innovador, puedes encontrar formas creativas de iniciar el proceso e implementarlo en tu vida. Por ejemplo, implementar el minimalismo podría significar deshacerse de un artículo pequeño que no necesites cada mañana. Lo importante a recordar es que el minimalismo es un proceso, y no un evento. No hay necesidad de abrumarse con pensamientos de por dónde empezar. Simplemente comienza.

"Comprar me hace feliz".

Muchas veces, comprar algo proporciona un breve sentido de euforia. Sin embargo, poco después, gravitas hacia tu nivel anterior de felicidad. Este ciclo se denomina adaptación hedónica y es la explicación ideal de por qué nos sentimos felices y emocionados después de comprar algo. Sin embargo, este proceso es similar a trotar en una cinta de correr: nunca llegas a tu destino.

"Estoy acostumbrado a tener ..."

Como hemos dicho, el minimalismo es un proceso. Por lo tanto, comienza con un paso y se transforma en un estilo de vida. Si tu objeción al minimalismo es que estás acostumbrado a tener elementos específicos, recuerda que la mejor forma de implementar el minimalismo es hacer pequeños cambios y adaptarlos a tu propio ritmo. No te apresures a eliminar todo de una vez. Además, como se dijo al principio, el minimalismo y el desorden son muy personales. Puedes modificar lo que funciona para otros hasta que se ajuste a tu vida, o crear tu propia rutina y tendencias minimalistas. Esto significa que, si hay algo que aprecias mucho, no tienesque deshacerte de él desde el principio, incluso si no agrega mucho valor a tu vida. El minimalismo no tiene reglas o pautas establecidas en piedra. Se trata de eliminar el exceso y no de cortar lo que usas o amas.

"¿Qué pasa si necesito este artículo en el futuro?"

La pregunta "qué pasaría si" es una de las mayores objeciones al minimalismo. Aquí está la cosa; no hay registro de que los humanos puedan predecir el futuro. El truco para responder a esta pregunta es deshacerse de los elementos que son fáciles de reemplazar. Por ejemplo, si te deshaces de los artículos pequeños que son económicos y fáciles de reemplazar y sirve para hacer espacio, estás en el camino correcto.

"Quiero hacerlo, pero mi ... no estaría de acuerdo".

Esta es una grande también. Si tu esposo / esposa / novia / novio no está de acuerdo con el minimalismo, necesitas encontrar algún punto en común. Puedes hacer esto señalando la naturaleza positiva del minimalismo y buscando su opinión sobre qué debe irse y qué debe permanecer. Además, puedes comenzar contigo mismo, y una vez que esa persona vea el efecto del minimalismo en tu vida, estará dispuesta a intentarlo.

Conclusión

Como hemos dicho repetidamente, el minimalismo es un viaje que requiere tiempo y compromiso. A medida que te embarcas en el viaje, date tiempo suficiente para adaptarte. Experimenta con diferentes tácticas y si fallas, no te rindas. Levántate y empieza de nuevo. La empresa merece la pena.

¡Gracias de nuevo por descargar este libro!

Espero que este libro haya podido ayudarte a saber de qué se trata el minimalismo y cómo hacerlo.

¡Buena suerte con ello y cuídate!

Parte 2

Introdução

Vivemos em um mundo que nos condiciona a pensar que "mais" é melhor e que "o maior" é sempre o melhor. O minimalismo é frequentemente considerado como uma extremismo, uma moda estranha que procura limitar suas escolhas. No entanto, como você já deve ter descoberto, "mais" costuma significar apenas mais confusão e maior tem pouco a ver com qualidade. Na verdade, você precisa de muito menos coisas do que consegue admitir. O minimalismo é uma arte japonesa que procura organizar todos os aspectos da sua vida, para que sobre tempo (em geral, muito tempo) para gastar nas coisas realmente importantes e significativas para você.

Este livro procura abordar a importância de abraçar um estilo de vida minimalista e como desbagunçar (organizar) sua casa para que você possa aproveitar os benefícios de uma casa arrumada.

Por que abraçar o minimalismo

Com a necessidade de ter mais coisas, você pode facilmente sentir-se mal porque não tem mais e isso pode facilmente levar você a uma vida dominada pelo estresse. Você sabe, porém, que pode se beneficiar muito simplesmente vivendo um estilo de vida minimalista. Quando falo em viver um estilo de vida minimalista, não estou querendo dizer que você precisa vender tudo e passar a viver com quase nada. Não, não é isso que quero dizer. Simplesmente, quero dizer que você deve avaliar sua vida e sua casa de forma crítica, sem nenhuma emoção, e se livre de todas as coisas que não agreguem valor a você. Depois de fazer isso, você desfrutará dos vários benefícios do minimalismo. Entre outros:

Você economiza tempo – muito tempo. Tempo que você gastaria desnecessariamente procurando por algo que você sabia que tinha guardado em algum lugar.

Você recupera seu tempo – o minimalismo libera o seu tempo, lhe dando mais tempo para gastar em suas paixões, sua saúde e sua missão na vida.

Você economiza energia – a energia que você gastaria limpando e mantendo coisas que você nem mesmo usa e levantando móveis de que você não precisa.

Você elimina sua insatisfação – uma organizada e ordenada sua casa e sua vida, você poderá encontrar satisfação em coisas que realmente importam.

Você economiza dinheiro e se livra das dívidas – o minimalismo impede você de comprar o que não precisa.

Sim, o minimalismo lhe dá a chance de experimentar alegria verdadeira em sua vida, tanto a alegria imediata quanto a felicidade a longo prazo. No entanto, decidir ir pelo caminho minimalista é uma coisa, começar a jornada é outra e pode ser esmagador, especialmente se você tiver muitas coisas em casa. Uma boa forma de organizar e ordenar sua casa é fazer isso cômodo por cômodo. Assim, você pode começar a ver os efeitos à medida que cada cômodo toma forma e isso traz motivação para continuar nos cômodo seguinte. O primeiro cômodo em que vamos trabalhar é a sala de estar.

Implementando o minimalismo na sala de estar

A sala é muitas vezes um cômodo que serve a vários propósitos. Felizmente, é também um dos maismais fáceis de organizar. Ao organizara e ordenar sua sala de estar, lembre-se de que um dos princípios da arte do minimalismo é desestimular o apego às coisas materiais. O apego material é o maior embaraço ao minimalismo: aprenda a desapegar-se do que não precisa. Para organizar sua sala de estar, você deve:

Determinar seu objetivo

A primeira coisa que precisa fazer é determinar **para que você usa sua sala de estar**. De uma finalidade mais pública, local onde recebe convidados, até o lugar onde sua família se encontra apenas relaxar ou até mesmo ter algum tipo de entretenimento, especialmente se você não tem uma sala separada para a família. Depois de determinar seu objetivo, pergunte a si mesmo se a sala reflete esse propósito. Pegue uma caneta e papel e anote as coisas que acontecem na sua sala de estar. Anote as coisas que não deveriam estar lá e tudo o que está lá que não é necessário.

Retire tudo que não é necessário

Depois de ter determinado o objetivo de sua sala de estar e anotado o que precisa permanecer nela, você precisa se livrar do que não é absolutamente necessário nesse cômodo. Pegue uma lixeira e coloque todas as coisas que não deveriam estar lá. Você vai descobrir que muitas coisas tendem a acabar na sala de estar. Coisas como revistas antigas, livros, CDs, brinquedos e até móveis. Livre-se deles. Neste momento, não se preocupe em determinar aonde as coisas devem ir. Ao invés disso, mantenha seu foco em removê-los da sala.

Mantenha sem a bagunça

Depois de determinar a função da sala de estar, esforce-se para mantê-la sempre em ordem. Por exemplo, se você jogar jogos de tabuleiro em sua sala de estar, certifique-se de que, ao terminar, tenha colocado tudo de volta em seu lugar. Não deixe bolsas, sapatos ou brinquedos na sala de estar, pois eles não são objetos dali. Se você mantiver em ordem toda vez que você acabar de usar a sala, não haverá acúmulo de objetos "estranhos" a ela.

Informe a todos

Assegure-se de que todos na família saibam qual é o objetivo da sala de estar e o que é permitido e o que não é permitido. Isso poupará você de muitos conflitos e fará com que todos participem da organização da sala de estar. Além disso, assegure-se de que cada um limpe e arrume quando terminarem de usar a sala de estar.

Separe as coisas que você removeu

O melhor é ter várias caixas à mão quando for separar as coisas que você retirou da sala de estar. Separe as caixas em três categorias (a) coisas que você pode reciclar, (b) coisas que você pode dar ou vender e (3) coisas que pertencem a outros cômodos. Dessa forma, você pode facilmente rotular as diferentes pilhas e enviá-las rapidamente ao lugar a que pertencem.

Minimalismo é mais do que apenas ordenar e organizar. É uma arte que precisa ser aperfeiçoada para viver mais com menos. A fim de alcançar o minimalismo em sua sala de estar, você precisa ordenar, organizar, reduzir a quantidade de mobília adotar um esquema de cores minimalista.

Reorganize a mobília

O próximo passo é reorganizar a mobília para que ela reflita o objetivo da sua sala de estar. Se o objetivo for relaxar e conversar com os membros da família ou convidados, assegure-se de que os móveis estejam de frente um para o outro. Uma coisa a notar sobre a sala de estar é que ela não precisa ter muitos móveis. A verdade é que, mesmo quando você tem uma família, nem todos sentam na sala de estar ao mesmo tempo. Separe os móveis que não são necessários e deixe apenas os móveis que você usa. Na verdade, uma mesinha de canto ou centro e um sofá costumam ser o bastante em termos de móveis para a sua sala de estar. Se usar um carpete, ele deve combinar com o resto da sala e ainda combinar com o esquema de cores minimalista.

Combinar com o esquema de cores minimalista

Outra maneira de alcançar o minimalismo em sua sala de estar é aderir ao esquema de cores minimalista. Minimalismo trata de menos e isso abrange as cores que você usa no teto, paredes, pisos e móveis da sala de estar. Não use mais de quatro cores diferentes na sua sala de estar. Suas paredes devem ter apenas uma cor e a cor dos móveis deve combinar bem com a cor das paredes e do teto. Cores contrastantes podem funcionar bem desde que usadas com sabedoria.

Mantenha a decoração simples

Minimalismo não significa falta de decoração. Na verdade, é uma arte em si e tem até obras de arte com base nele. Ele exige, contudo, que você minimize sua decoração e, ao invés disso, use uma ou duas peças que aumentarão a beleza da sua casa. Remova todas as decorações da parede e, em seguida, escolha uma que se destaque na sala. Uma grande pintura ou obra de arte deve funcionar muito bem. Tente encontrar um trabalho de arte minimalista, que reflita sua escolha de viver uma vida simples. Da mesma forma, em vez de deixar uma mesa vazia, você pode colocar uma flor em um vaso sobre ela.

Use espelhos

Os espelhos refletem e dão a ilusão de que o espaço é maior do que realmente é. É essa ilusão artística que funciona tão bem em salas de estar minimalistas. Os espelhos fazem uma sala de estar com mobília mínima para parecer brilhante e convidativa.

Depois de organizar, reduzir a mobília e coordenar a cor da sua sala de estar, você deve se esforçar para permanecer fiel à arte japonesa de simplificar sua casa, mantendo-a simples e limpa. Não encha faça bagunça no chão da sua sala de estar nem "esqueça" objetos na mesinha. Se tiver uma televisão na sala de estar, coloque-a onde ela não seja um obstáculo e assegure-se de que combine com o resto da sala de estar. A cor preta geralmente funciona bem e combina com o resto dos móveis.

Minimalismo não é uma subtração, mas uma adição que permite que você preste atenção ao que realmente importa na vida. Depois de ordenar e organizar sua sala de estar, você pode respirar mais fácil sabendo que não terá as distrações desnecessárias que impeçam aproveitar ao máximo o tempo com sua família e amigos. Use a sala de estar para encontrar a alegria na interação humana face a face. Em resumo, reduza as posses materiais e realce as relações humanas. Ao construir relacionamentos mais profundos e significativos, você vai adquirindo naturalmente mais alegria de viver e reduzindo o nível de estresse.

Mas, veja: a sala de estar não é o único lugar onde você pode empregar a arte do minimalismo. Você pode aplicar o minimalismo a outros espaços da casa. Uma dessas áreas é a entrada (hall, corredor) que leva à sala de estar.

Implementando o minimalismo logo na entrada

A entrada é um espaço em sua casa pelo qual você tem que passar no caminho para dentro e para fora. É o que você recebe quando chega em casa depois de um longo dia de trabalho. Como tal, deve refletir o tipo de estilo de vida que você vive – o estilo de vida minimalista. Muitas pessoas acabam colocando sapatos, casacos, chapéus e até mesmo guarda-chuvas na entrada. Evite fazer isso, pois uma impressão de desordem é inevitável e nunca é agradável chegar em um ambiente com aparência de bagunça logo na entrada. Há vários móveis com design japonês que têm uma prateleira de sapatos embutida, onde os visitantes podem facilmente colocar seus sapatos quando entram. Isso mantém o piso organizado. Arranje um espaço para colocar sapatos, casacos e guarda-chuvas dos visitantes, mantendo assim sua entrada em ordem.

Implementando o minimalismo no banheiro

Você passa um bom tempo no seu banheiro todos os dias e, como tal, faz todo o sentido organizá-lo e deixá-lo limpo e convidativo.

Desbagunçando o banheiro

Quando começar a por ordem no banheiro, você ficará surpreso com quantas coisas que você já dava como irremediavelmente "perdidas" são encontradas lá. Você pode encontrar recipientes e rolos vazios, produtos de beleza e remédios que você não usa mais ou vencidos, brincos sem parceiros, sapatos e outros itens que não têm o que fazer no seu banheiro. Para organizar seu banheiro, você deve:

1. Arrumar tempo

Quando decidir organizar seu banheiro, marque um horário para isso. Decida quanto tempo você gastará nessa tarefa. Quinze minutos ou menos deve ser suficiente para uma vista d'olhos geral nos objetos. Não gaste um dia inteiro, pois isso pode ser contraproducente. Quanto mais demora um trabalho, mais tedioso parece. Usar um temporizador também vai permitir que você responda bem rápido e com sinceridade se precisa de um determinado item em seu banheiro: você não tem tempo para pensar sobre isso.

2. Ponha cesto, bolsa e lixeira prontos

Você precisa de vários sacos ou caixas quando você está ortganizando. Isto evita que você faça um trabalho duplo, uma vez decidido que não precisa de certos itens no banheiro. Um cesto pode ser usado para colocar todas as toalhas, pois precisam ser lavadas. Uma lixeira será útil para jogar direto no lixo os itens que deseja descartar e uma bolsa será útil para colocar todos os itens que são de outros cômodos.

Agora que você organizou seu banheiro, o que vem depois? Você precisará fazer várias coisas para se manter fiel a um estilo de vida minimalista.

Limpeza profunda
Depois de ordenar seu banheiro, você precisa se envolver em uma limpeza profunda. Isto lhe dará uma imagem clara do ambiente e permitirá que você decida com clareza as cores e superfícies, a fim de ver o que resta a ser feito para alcançar uma atmosfera minimalista. Além disso, é muito mais fácil limpar profundamente quando você está organizado, já que não precisa mover muitos objetos ao limpar. Você também estaria ansioso para ver como seu banheiro vai sair depois de ordenar e limpar.

Reformas
Depois de ter organizado e seu banheiro estiver limpo, você pode ver o que precisa ser feito para torná-lo melhor. Uma forma de melhorar seu banheiro para refletir o estilo de vida minimalista é empregar a arte minimalista de fazer as coisas "desaparecerem". Os japoneses se destacam nessa forma de arte. Eles criam espaços ocultos, mas imensamente úteis ao minimalismo. Você pode criar armários escondidos por um espelho para guardar

todos os itens do banheiro. Você pode criar gavetas que se misturam com as paredes para criar uma ilusão de espaço. Outra maneira de os japoneses alcançarem a arte do minimalismo é usar uma porta de vidro ou acrílico ao invés de uma cortina de chuveiro. O resultado é simplesmente incrível, pois isso tende a abrir seu banheiro de uma forma que uma cortina de chuveiro não consegue. O vidro permite a entrada de luz e, por sua vez, a luz ilumina o ambiente. Se você não conseguir reformar, você pode usar uma cortina de chuveiro branca em vez de uma colorida.

Pintura

As cores são importantes para os minimalistas, pois afetam a aparência do seu ambiente. Muitas cores denotam confusão e desorganização e você definitivamente não quer isso em seu banheiro. Use uma cor, de preferência branco, em todas as paredes e chão do banheiro. Se você não quiser usar branco (a cor é uma preferência, afinal de contas), você pode investir em uma cor brilhante, uma cor que faça o ambiente brilhar.

Accessorios

Existem várias opções no que se refere a acessórios em um banheiro minimalista. Tenha em mente que o minimalismo não condena acessórios; no entanto, adverte você para ser seletivo sobre o que você coloca em suas superfícies e paredes. No banheiro, algo como uma vela definitivamente daria ao seu banheiro uma certa graça. Você pode tentar usar velas perfumadas, mas como sempre, mantenha-as no mínimo. Quando se trata de toalhas, invista em toalhas brancas. Toalhas coloridas tendem a distrair especialmente se forem estampadas. Toalhas brancas, por outro lado, trazem aquela sensação de spa que envolve a serenidade.

Para manter-se em dia com um estilo de vida minimalista, uma vez terminada a "desbagunçagem", a super faxina e a reforma, faça de tudo para manter seu banheiro sempre assim. Você deve:

Manter as superfícies livres
Às vezes, especialmente quando estamos com pressa, é fácil usar as coisas e largá-las de qualquer jeito, ao invés de guardá-las. Isso, porém, vai lavando você lentamente ao hábito de deixar suas superfícies desordenadas – um oposto direto do minimalismo – e, em pouco tempo a bagunça voltará a reinar. Esforce-se para limpar as superfícies quando terminar de usá-las. Desta forma, será mais fácil manter o banheiro arrumado.

Mantenha seu banheiro limpo
Um banheiro sujo definitivamente não é uma coisa desejável e pode causar grandes constrangimentos, especialmente se você tiver visitantes que precisem usá-lo. Você precisa manter seu banheiro muito limpo para o refletir seu modo de vida minimalista. Isso não significa que você precisará de agentes de limpeza caros: os mais baratos fazem a mesma coisa. Em vez de comprar detergentes caros e produtos químicos de limpeza, você pode usar uma solução de bicarbonato de sódio para limpar suas superfícies. Isso minimizará

suas despesas de limpeza e ajudará você a se manter fiel ao minimalismo.

Coloque de volta os objetos nos lugares certos

À medida que pratica o minimalismo, você começará a descobrir que não se trata apenas de guardar as coisas. Trata-se de tudo ter seu próprio lugar. Você pode conseguir o minimalismo no banheiro, colocando as coisas de volta nos lugares que você criou para eles. No entanto, isso não significa que você precise ficar neurótico e dogmático quanto a isso. Por exemplo, você percebe que continua pondo um determinado objeto em uma determinada gaveta. Se esse for o caso, considere a possibilidade de movê-lo permanentemente para essa gaveta. Mas não seja rápido demais para mover itens apenas porque você está tendo alguma dificuldade para se ajustar. O minimalismo é uma arte e pode levar tempo para acertar, mas no devido tempo se tornará uma segunda natureza para você. Depois de ter coberto o banheiro, é hora de ir para o quarto.

Implementando o minimalismo nos quartos

Se existe um cômodo que beneficia muito com o minimalismo, é o quarto. O quarto é o seu espaço santuário do mundo exterior, um lugar para rejuvenescer e relaxar a mente. Uma vez que você adote o estilo de vida do minimalismo em seu quarto, descobrirá que as funções de se vestir, dormir e acordar ocorrerão de forma mais calma e pacífica, pois não haverá nada perturbando seu santuário. Para começar, elimine a bagunça do quarto. Siga os seguintes passos:

Prepare tudo

Antes de começar a organizar seu quarto, pegue tudo o que você precisa. Você vai precisar de uma lixeira, uma cesta e um saco para os itens que não devem estar no quarto. Coloque os três fora do caminho, mas onde você possa alcançá-los com facilidade.

Encontre um ponto de partida

Para se manter alinhado com a arte do minimalismo, comece a organizar passo a passo. Primeiro, os itens sobre as superfícies, como a mesa de cabeceira, e decida quais itens vão em qual grupo. Retire todos os livros, correspondências ou revistas que estejam perto ou na sua cama. Deixe todas as superfícies livres. Todas as roupas espalhadas devem ser colocadas no cesto.

Mergulhe nas gavetas

Quando terminar as superfícies externas, mergulhe nas gavetas. Remova tudo o que não pertence à gaveta. Jogue na lixeira tudo que precisa ser descartado e coloque tudo o que pertence a outro cômodo na bolsa. Remova todos os itens desnecessários com o mesmo zelo de minimalismo que usou em outros lugares.

Reorganize os itens restantes

Depois que tudo o que for do quarto tiver sido removido, você poderá organizar os itens restantes. Coloque os itens nas gavetas, de modo que você possa encontrar facilmente o que estiver procurando. Isso reduzirá enormemente o tempo gasto para encontrar alguma coisa.

Enfrente seu armário

Depois que acabar com as superfícies e as gavetas, chegou a hora de mergulhar em seu armário. O armário é sempre um espaço que precisa ser organizado. Para isso, você precisa abraçar completamente o que significa ser um minimalista. Naturalmente, nenhuma pessoa lhe dará uma lista estrita do que você precisa descartar e quais itens você deve manter. Isso é com você. Certifique-se de que usa regularmente todas as peças de roupa que decidir manter. Se tiver problemas para decidir o que manter e o que descartar, você deve:

1. Só fique com um

Uma sugestão para reduzir seus itens de vestuário é abraçar a regra do "só um de cada". A ideia é simples: tenha apenas um item de, por exemplo, vestido preto, cinto preto, par de tênis, bolsa. Decida quais são suas roupas básicas (coisas como saias e calças) e veja que outros itens podem combinar elas. Por exemplo, uma saia ou calça preta pode ir com quase qualquer outro item de roupa colorida.

2. Se não couber, livre-se

Não guarde nada que não caiba em você nem qualquer coisa que não tenha sido usada há muito tempo. Muitas pessoas tendem a se prender às roupas que costumavam servir, mas não fazem mais na esperança de que um dia elas caibam novamente. Não faça isso. Jogue fora, doe ou venda.

3. Limite suas cores

Vestir-se em poucas cores reduzirá bastante seus itens de vestuário. Normalmente, é provável que você tenha uma ou duas cores que você goste de usar. Por que não tornar isso oficial? Por exemplo, se você optar por usar cores vermelhas, pretas e brancas, poderá descartar itens de vestuário das outras cores com facilidade. No entanto, se achar isso difícil, você pode seguir outra rota para limitar o número de itens de vestuário. Por exemplo, você pode decidir ter dez camisas e cinco calças. O que quer que você decida, aferre-se à sua resolução.

Depois de ter conseguido simplificar seu quarto e seu guarda-roupa, mantenha-se fiel ao tema do minimalismo:

Comprar Qualidade

Uma das razões pelas quais as pessoas tendem a comprar itens de vestuário que não precisam ou itens de beleza que não usam são as liquidações. Você ouve que há uma liquidação em algum lugar e acha que está economizando comprando em quantidade. Em vez disso, você acaba com muitos itens de que você não precisa e que não usa. Você pode, por outro lado, optar por comprar qualidade em vez de quantidade. Isto reduzirá o tamanho do seu armário e se encaixa muito bem no seu estilo de vida minimalista.

Defina limites

Defina limites de quando você vai comprar e quanto você está disposto a gastar. O minimalismo incentiva a simplicidade em todos os aspectos da sua vida, o que inclui seu quarto e armário. Depois de limpar o armário dos itens desnecessários, estabeleça para si mesmo um limite de três meses, antes do qual você não comprará nenhum item de vestuário. Em seguida, limite seu dinheiro, de modo a comprar apenas os itens realmente necessários após o limite de tempo.

Construa seu personagem

Quando você desiste de tentar impressionar os outros com seu vestuário, você encontra aquela alegria interior que vem da associação com os outros não pelo que você tem, mas por quem você é. Deixe sua personalidade sair e aprenda a melhorar-se como pessoa. No entanto, ter menos roupas não significa andar desleixado. Mantenha suas roupas limpas e arrumadas e concentre-se em construir relacionamentos significativos com as pessoas.

Implementando o minimalismo na garagem e no sótão

A garagem e o sótão são frequentemente lugares que funcionam como depósito. Não um espaço de depósito arrumado, mas de alguma forma, acabam sendo um espaço onde se larga tudo o que não precisamos e tudo o que não usamos. Um monte de lixo acaba nesses lugares e isso é um grande não para qualquer minimalista. Se você tem um sótão ou uma garagem:

Decida como vai se livrar do que não precisa

Um dos desafios de arrumar e organizar o sótão ou a garagem é onde colocar tudo o que você não precisa. É por isso que você precisa definir pontos claros e caixas onde colocará as coisas, enquanto separa. Rotule as caixas ou sacolas (1) itens que você deseja manter, (2) coisas para jogar fora, (3) objetos para doar e (4) itens que deseja vender. Depois de ter feito isso, comece a separar e organizar. Isso pode demorar um pouco se você estiver trabalhando sozinho. Lembre-se de que a garagem e o sótão são geralmente locais muito bagunçados. Pense na possibilidade de pedir a alguém para ajudar você a arrumar.

Separe por categoria

Depois de ter classificado os itens que deseja manter, comece a separá-los em categorias. Você pode ter recordações antigas que não quer descartar, peças de roupa e outros itens que usa só em parte do ano (casacos pesados, por exemplo), itens como equipamentos de camping e outros, que você usa quando sai de férias, decorações de Natal etc. Assegure-se de que os vários itens estejam em suas categorias e que cada caixa em que você os colocou esteja claramente rotulada.

Divida o espaço em áreas

Usando as categorias que você criou, crie as áreas adequadas onde você guardará as coisas. Coloque as caixas da mesma categoria em uma mesma área. Desta forma, quando precisar de algo, você irá diretamente à área e procurará numa caixa devidamente marcada.

Decida para o que mais você vai usar esse espaço

Com bom planejamento e arrumação, um sótão ou garagem podem ser usados como uma sala íntima para a família, por exemplo. Isso exigirá que você arrume tudo de forma a não atravancar o espaço. Em seguida, crie uma área para sua família, tendo em mente o estilo de vida minimalista.

Como regra, mantenha apenas os itens que você precisa usar no sótão ou na garagem. Só porque você está usando para armazenamento, não significa que o espaço deve estar desarrumado. O minimalismo exige espaços limpos, claros e abertos, cheios de luz. Certifique-se de fazer isso em seu sótão e garagem.

Implementando o minimalismo na cozinha

O minimalismo é um modo de vida que pode realmente iluminar sua cozinha. A cozinha serve como o canal onde você prepara e serve comida. Conforme se movimenta, você deve ser capaz de encontrar o que precisa com facilidade para economizar tempo e garantir tranquilidade. Existem algumas coisas que você pode fazer para implementar o minimalismo em sua cozinha. Você pode:

Organizar sua cozinha

Ao longo dos anos, muita coisa encontra o caminho e o descanso final na cozinha.

Estes são itens que você provavelmente não usa e ocupam espaço desnecessário na cozinha. O minimalismo cuida para você desapegar-se de tudo o que não precisa e isso pode serr feito arrumando e organizando. Você deve:

1. Jogar fora coisas quebradas

Itens quebrados ou lascados não têm o que fazer na sua cozinha. Sim, aquele objeto pode ter lhe servido bem ao longo de muitos anos, mas é hora de deixá-lo ir. Remova todos os itens com alças quebradas.

2. Livre-se de objetos sem tampas

À medida que separa os objetos, procure os potes que perderam as tampas e as tampas que perderam os potes. Estes são itens que só criam confusão na sua cozinha porque não podem ser usados sem o conjunto completo. Livre-se deles.

3. Remova duplicatas

Um jeito fácil de arrumar e organizar é se livrar de objetos duplicados. Se você tem dois alguma coisa, provavelmente não está usando um deles. Por que dois quando apenas um resolve muito bem?

4. Reduza os objetos

Se você tiver acumulado muitos objetos, tais como pratos, copos plásticos, xícaras, copos, colheres etc., reduza esses itens a um número razoável. Claro, você pode querer manter alguns a mais para quando tiver visitantes, mas não exagere no estoque. Por exemplo, você não precisa de três conjuntos de pratos para visitantes se você raramente recebe mais do que um casal.

5. Elimine o que você não usa

Existem vários objetos que você normalmente não usa. Talvez sido presentes ou compras que feitas em uma liquidação, mas você simplesmente não gosta de sua aparência ou acha que não combinam bem com outros itens. Livre-se deles.

Há objetos que acabam na sua cozinha, mas obviamente não têm função nela. Classifique esses itens e coloque-os em seus respectivos lugares.

6. Decida o que fazer com as coisas.

À medida que você organiza, vai descobrindo que há objetos que você pode vender ou doar, outros que você pode reciclar e outros que precisam ser jogados fora. Determine quais objetos entram em qual pilha e Dê o destino adequado.

Organise os objetos

Depois de decidir quais objetos permanecerão na cozinha, você precisará separá-los de acordo com a frequência de uso. Você pode colocar os itens de acordo com os que você usa todos os dias, os que você precisa usar uma vez ou duas vezes por mês e aqueles que você só põe em uso ocasional, como, por exemplo, datas especiais. Depois de classificar, separe em categorias como:

1. Objetos para preparação de alimentos.

Objetos que devem ser mantidos perto de onde você prepara a comida. Por exemplo, facas de cozinha, tigelas e tábua de corte. Você também pode ter misturadores ou liquidificadores. Certifique-se, contudo, de que os itens que ficam nessa área sejam apenass os necessários com frequência.

2. Objetos para cozinhar.

Você não precisa de muitos objetos para cozinhar em uma cozinha minimalista. Você só precisa dos itens que você usa para cozinhar a sua comida. Ponha objetos como panelas, utensílios, frigideiras e formas nessa categoria. Certifique-se de que estão por perto quando começar a cozinhar.

3. Pratos

Esta categoria deve incluir os pratos que você usa diariamente. Utensílios para comer que são mantidos nesta área são apenas os usados com frequência. O que não se usa com frequência, devem ser guardados em outro lugar para evitar confusão.

4. Objetos para comer

Existem objetos, como guardanapos, saleiros, pimenteiros e tigelas que são usadas com frequência quando você faz suas refeições. Coloque esses itens nesta categoria. Todos os objetos das diferentes categorias devem ser arrumados nas gavetas da cozinha. Se não tiver espaço adequado, considere armários sob medida.

Embaixo da pia

Muitas pessoas usam o espaço sob a pia da cozinha como um lugar para entulhar objetos de todos os tipos, misturando recipientes de plástico, material de limpeza e qualquer outra coisa que não cabe em gavetas ou armários. Dessa forma, o lugar acaba parecendo confuso e desarrumado, o completo oposto de uma cozinha minimalista. Você não quer isso. Em vez de enfiar as coisas de qualquer jeito, sente-se e decida qual função você gostaria de dar para esse espaço. Assim, você pode particioná-lo de acordo com a finalidade desejada e deixá-lo com uma aparência organizada e arrumada.

Conclusão

No que diz respeito ao minimalismo, arrumar e organizar a sua casa é apenas o primeiro passo para abraçar o estilo de vida minimalista. Este, todavia, é um passo vital, pois permite reduzir o que você não precisa e se concentrar no que é mais importante em sua vida. Ao dar este passo consciente para simplificar sua vida, você pode até mesmo se sentir oprimido pelas mudanças que precisa fazer. Mas isso não precisa sssim. Comece devagar e vá passo a passo. Tenha em mente que você é a única pessoa que consegue definir o espaço e que você é o único que consegue decidir o que manter e o que deixar ir.

www.ingramcontent.com/pod-product-compliance
Lightning Source LLC
Chambersburg PA
CBHW071912070526
44583CB00016B/1949